táxis experimentais

táxis experimentais

rollo de resende

telaranha

Organização: Hiago Rizzi
Coordenação editorial: Bárbara Tanaka e Guilherme Conde M. Pereira
Assistente editorial: Juliana Sehn
Projeto gráfico e diagramação: Manoela Haas
Ilustração de capa: Rollo de Resende
Fotografias: Acervo pessoal de Stella de Resende e Jane Sprenger Bodnar (p. 61 e quarta capa)
Estabelecimento de texto: Bárbara Tanaka e Hiago Rizzi
Comunicação: Hiago Rizzi
Produção: Letícia Delgado e Raul K. Souza

Dados Internacionais de Catalogação na Publicação (CIP)

R433t Resende, Rollo de
Táxis experimentais / Rollo de Resende. – 1. ed. – Curitiba, PR: Telaranha, 2025.

88 p.

ISBN 978-65-85830-33-1

1. Poesia brasileira I. Título.

CDD: 869.91

Índices para catálogo sistemático:
1. Poesia : Literatura Brasileira 869.91
Henrique Ramos Baldisserotto - Bibliotecário - CRB 10/2737

TELARANHA EDIÇÕES
Rua Ébano Pereira, 269 - Centro
Curitiba/PR - 80410-240
(41) 3220-7365 | contato@telaranha.com.br
www.telaranha.com.br

Impresso no Brasil
Feito o depósito legal

1ª edição
Agosto de 2025

: sumário

: nota do organizador

Em agosto de 2025, Rollo de Resende (1965-1995) completaria 60 anos. Esta publicação nasce em comemoração a essa data, que guarda também os 30 anos de sua morte. Com *Espáduas* (2023) – coletânea organizada pela Telaranha com a poesia publicada pelo autor em vida, incluindo livros, plaquetes e dispersos –, a voz de Rollo reverberou e angariou uma leva de leitores e admiradores que cresce a cada dia. Agora, *Táxis experimentais* apresenta uma nova faceta do poeta.

Em um poema do livro-objeto *Homeopoética* (1991), Rollo se autointitula Líbero Gergelim, pela ligação com as coisas mínimas que alimentam sua poesia. Há alguns dias, em conversa com Jane Sprenger Bodnar, sua herdeira literária, soube de outro apelido dado por ele mesmo: Zen Puto. Esse é o Rollo de Resende predominante em *Táxis experimentais*: erótico, bem-humorado e inventivo.

Espáduas também contém alguns poemas eróticos, mas a sutileza do autor os equipara àqueles que falam sobre objetos e a natureza. Aqui, essa potência é realçada. A primeira referência ao título aparece em um poema do livro *Água mineral* (*in*: *Espáduas*, 2023, p. 83), publicado originalmente em 1995: "[...] eu preciso de táxis experimentais/ que me conduzam ao amor". Assim, o poeta propõe, em agradecimento, o que ele teria de mais íntimo e verdadeiro: "meus versos e minhas fezes".

Rollo se referia a este compilado como "poemas fesceninos", nome dado a cantos satíricos e obscenos no contexto da Idade Média. O título joga com o estigma em torno dos taxistas nos anos 1990, quando este volume foi escrito, pela sua suposta suscetibilidade e disponibilidade a condutas e situações sexuais. A Praça General Osório, cenário de alguns poemas, era um conhecido ponto de prostituição masculina em Curitiba.

Pensar o homoerotismo na poesia de Rollo nos leva a encarar a epidemia da aids, que moldou discursos ressoantes até hoje. O poeta enfrentou a doença enquanto escrevia sobre ela e, por vezes, foi reduzido a essa circunstância. O projeto de resgate que temos empregado em torno de sua obra busca ser cuidadoso para não o rotular como apenas uma vítima do HIV. Os poemas foram escritos nas décadas de 1980 e 1990, sob esse panorama, mas atravessam o tempo – mais uma vez, Rollo é bom nisso de ser contemporâneo.

O autor passou os últimos meses de vida, enquanto estava internado no Hospital do Trabalhador, organizando seus poemas. Três desses arquivos fazem o corpo de *Táxis experimentais*, deixados em ordem por Rollo e reunidos nesta edição por apresentarem afinidade temática e poética. "Mistérios gozosos" – que tinha como título alternativo "Vis gozos" –, "Táxis experimentais" e "Saída Sul", mesmo nome de uma das ruas onde a família Resende morou, em Foz do Iguaçu, e sugerido como título para esta edição por sua irmã, Stella.

Seis desses poemas já estavam presentes em *Espáduas*, em um contexto diferente. Em *Táxis experimentais*, dois poemas se repetem – mantivemos as primeiras aparições, que estão mais integradas ao projeto do arquivo original. Como em *Espáduas*, as únicas alterações empregues nos originais se dão em palavras com erros de digitação explícitos, além da atualização da grafia considerando o Novo Acordo Ortográfico de 1990.

A obra da capa, assinada por Rollo, é um dos postais que ele vendia na Feira do Largo da Ordem, no Centro de Curitiba, com desenhos, pinturas, colagens e materiais alternativos – há um arquivo ainda não catalogado de sua produção visual. O depoimento de Jane, que fecha o livro, foi colhido por mim em duas entrevistas, realizadas em agosto de 2022 e julho de 2025.

Hiago Rizzi é jornalista e coordenador de comunicação da Telaranha. Editou *Perto do fogo* (2022), organizou *Espáduas* (2023), de Rollo de Resende (1965-1995), e publicou *Maravalha* (2024).

mistérios gozosos

estive no fundo de cada vontade encoberta.

caetano veloso, força estranha

os vis gozos

paixão me atira no fogo todos os dias.
pesquisando como dinamitar o cofre
onde guardas tua preciosa fruta.
sinônimos
: a nave da haste
: a calça que resvala em tua penca
: porta-joia

fraternidade das espadas

dois adolescentes urinando
ao redor do mesmo vaso.
serão flores másculas
ou pequenos machos florescendo?

wc

man

ter

man

somos sempre três, sob a lua clara:
eu, o samurai e a gueixa.
o samurai me entrega o sabre,
a gueixa me empresta o blush.

o menino
com sua flor
no púbis

a flor
com que
se perfu$^{r}_{m}$a

táxis experimentais

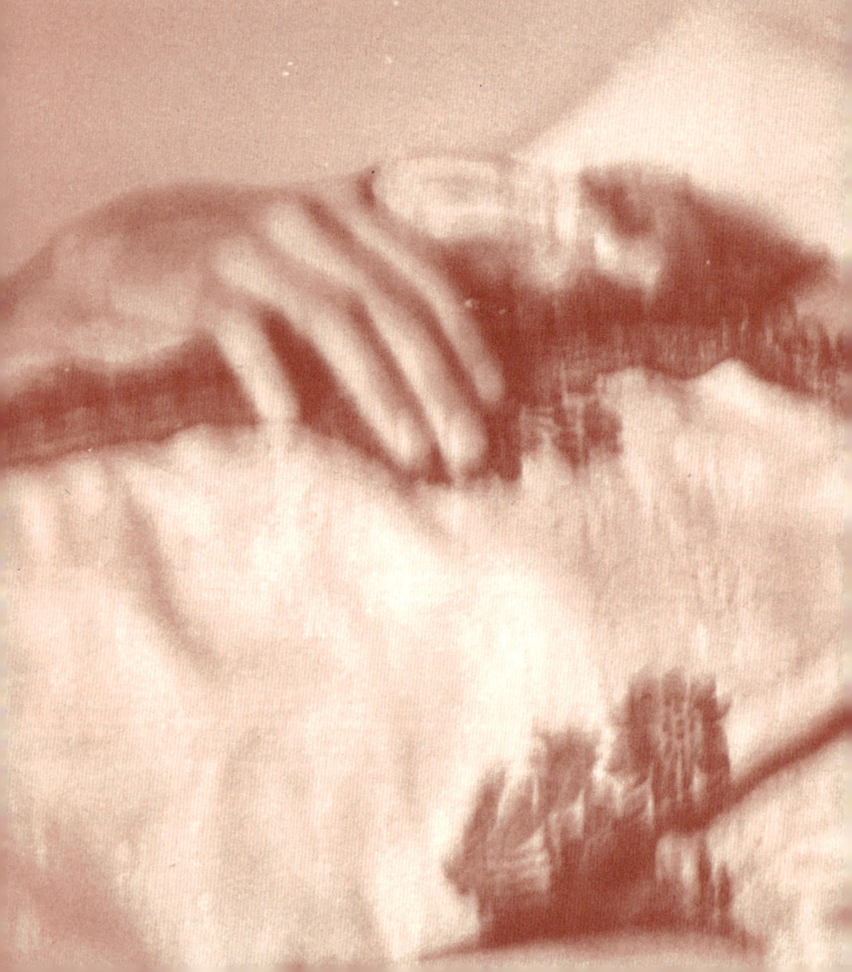

tuas linhas arrojadas
reforçam o alcance

através de táxis experimentais
num grande pique e mascarado
reassalta meu coração

agora era a minha vez

me adivinhe na tarde
com que desdém de chutar pedras
te dou uma carona
ou deixo a trilha para que
me sigas
do jeito que mais gostas

no entanto
vestibular para atalhos

que se quer
início eficaz dessa paixão?

quartos crescentes
postos em cena com reboques

digamos assim:
que a temperatura vem caindo

eu vim no meio da noite
vim rabiscar tudo isto
vim em busca de teu nome
escrevê-lo
com esperma.
(boris vian)

JORNAL INTERMITENTE DE D.

I

pelo telefone. para uma pizza com D.
– coisa mais namorado que tenho, come
morar o deslize do livro.

já jantou. lembro como que saído de
um telegrama:
– a paixão tem seu tempo.

II

não encoraja correspondência tele
fônica. cai chuva que desconsola. vou
que estacionando. nem pisco. mas não
vejo: os proibido privado precário.

III

prevaricamos pesado no carro. rangem
coxas sem gel. pele peleja. prepúcios
liquefeitos contornam esconderijos. desen
gata retrai e paira no ar.

IV

ouve como chia a carne que se frita.

tua letra mente um número pra
mim. ligo e daí:
– não conhece essa pessoa?!
– não.

que tua virilidade não fosse um
dardo. nem portasse espada.
mas doce amargo saber o contrário,
simpático.
se banhou no meu hamamélis.
corro. retiro os últimos três da
prateleira do mercado.
lembrança de você sob minhas
narinas.

p/ celinho

guardar não dura sempre
quasímodo

momentos decisivos
em dezembro
há três anos

p/ piu

não invejo montanhas
também amontoo tamanhas como você
alargo absurdo

veias azuis deixarão
esconderijos

I

os antílopes
administram entre si
dramaturgias rosas

II

peixes de aquário
não sabem
do mar

III

o disc-jóckey à tarde
replanta mudinhas
da frente da boate

onde menti:
não encoraja correspondência
telefônica
leia-se

eu vinha implacável em dezembro
deslize do livro e
apetite aguçadíssimo
tanto
que desatava pelos túneis
da boate sem teima caprichosa

vai pro trono.
tem-que.

ocupa-me amor
perfurados diários
à procura de resinas
só confirmam
essa fome de boate

neste festim
entenda os trajes
das folhas ásperas

prepare para disparar:
preposição que indica ausência
com 3 letras

até hoje
lançamento de táxis
em teu encalço

não há tangência
sem que se aborde
então fingireis vestígios

se repercute
despedem-se em autos
a mil para apartamento

agulha
que se celebra
na polpa

j.
localize nas cartas
o que escorreu desfeito por
descuido
e deixou a carne em pandarecos
erik satie é chuva
a arte como energia desafogadora

porém
já estou a bombear acalmando
sobre
porque não descanso as mãos
no cós da calça

p/ isaque

tampouco perdura
mas considere
qualquer transeunte
pela tangente
pode vir a ser
seu amante

o
coração é bem
barco à deriva

– encere ilhas usadas, paixão.

coração pede profissionalismos
que só o 1° colocado
possui

p/ piu

cavernas
não se cavam

I

– bang! bang!
desde logo se percebe
atingido pelas costas
para que o coração desande pela frente
peito
abaixo

II

foragiu-se ferido ao telefone
desesperado nas teclas:
– harrison ford está?
despétala-nos formidável

III

pousa na topada –
olhos que sempre disparam gatilho
não saram –

descubro um talho:
– sempre seremos românticos
  no final do século.

suspensa tua existência por dias
: abrem-se litorais
por toda a costa

um
dois
três
e reapareces depois
de uma chuva intermitente de verão

um deus nos acuda

instalo armadilhas
persigo deixas

depois amor capturado
zomba zumbe e
some

vertendo piscadelas bem feitas
mas viciadas:
– pra se cometer sem se culminar
em cópula.

zás!
emprego dos dedos

pequenas bocas embevecidas no ar

"estou sempre à porta do groff
à tua espera e vejo quando
passas na rua com teu sorriso."
(de uma carta de j.)

pousada da procura. assento no groff.
antes faço pose em frente aos cartazes
cinematográficos. consulto.
cobiço.

depois sitio. desbanco ciclista.
faço uso-capião. monto barraca.
demora demais, hoje, esse amor.
quando chega revoga esfolado.

por apuro levanto acampamento.
na saída, anjo puxa a mochila.
pega na minha mão: oi.
me chama prum chá preto.
tem uma filha, carrega um disco, computa.
faço apologia incansável do olhar.
em segredo.

anjo:
um dia te pergunto em prosa deslavada:
cama cura?
amor sara?

(ana c. nos perdoe e desatino)

me negava a cumprir
por esse amor
volta e meia

mas volto

e então saqueia
o que não solto
desamarra de uma vez

paixão a toda

estamos contornando
com este táxi
a taça rasa
em que vou fundo

tragos abissais
esparramados pelo chão

anjo que aguarda
meu táxi vai te buscar
no pico urgente da paixão

tarde demais.
permiti a esses homens
viverem como pombas no meu peito.

coração está na fila de um banco no dia 10.
em silêncio se reparte em abismo e cais.
dá voltas mas não anda.
por comoção, a passos da chegada,
se retorce e abandona a prova.

recebe o afeto que se encerra.

atravesso na vigília

é algo que me queima
mas não te dá coragem

em orquestração seca
música que apunhala

na tarde cinza
ardor de nossas paisagens
queimavam molduras

: p/ joão c.

pomar ao redor
desta fonte descoberta
onde ao menor
toque língua desgoverna
líquidos

em vales de pelos
de um peito em
perseguição concisa
pelo outro

p/ joão c.

lenha na caldeira coração
e pernas que quero
indefesas a
seguir esse homem que
acompanho e que me
transporta

mais rápido coração
as asas possíveis
a nave intergaláctica
ele vai tão
manso na tarde
cinza

lenha

p/ joão c;

táxis experimentais

farsa desprecavida para romance

motorista

ana cristina c.

cacaso

adélia prado

o comotorista

aldo

isaque

o passageiro

reginaldo possetti
de resende, o autor

no rádio

billie holiday

cazuza

carmina burana

nana caymmi

no banco traseiro com o autor

stella de resende

zela

gilson

joão carlos

paulo loyola

daniel

bia boell e cristóvão

o mecânico

fernando karl

ricardo corona

na largada

hélio e paulo leite

zé luís maranhão

já em viagem

júnior e regininha

cenário autos que conduzam ao amor
tais como táxis, fuscas, caronas em geral
inclusive expressos vermelhos na madrugada.

a propósito, dentro dos táxis experimentais,
teima-se que a vida é elegante.

saída sul

experiente, fazia-se de 1° viagem.
marinheiro acomodando as nádegas
cada vez que ia à sua boca de fogo
a minha lancinante espada. e dizia:

– você fica louco.
  não me deixe nenhum roxo,
  nenhuma roxa mancha.

uma ao menos, uma única
sempre que me for dada
sua boca de fogo
à minha lancinante espada.

no hotel, darling,
faltou-nos certo calor
do guarnecer de asas

bem sabido: nossos anjos
aguardavam na portaria
assobiando e chupando cana

viver em estado de aventura
deixou-lhe assim
disponível e bem informado.
vem comigo, josé.
me revela seu segundo nome depois.
as sobrancelhas maravilhosamente
                                        arcadas.
alguma luz pousada sobre
                        suas formas arredondadas,
                        a penumbra reforça.
e nos damos em saliva, dança,
quentura,
    gamos que somos.

quem escreveria sua crônica?
são reconhecidos pela forma como cospem.
piores imitações de amantes –
jaquetas de aviador, insígnias de latão,
gola de pele sintética.
fazem mínima festa
: nada de rodopiar manequins.
olhares lupinos
onde o cordeiro imolado virá de carro.
volta na quadra. volta na quadra.

um garoto lançou
como isca
uns olhos melancólicos.
agora não posso
              fisgá-los, gato.
quem sabe outra hora,
neste mesmo local,
quando eu solucionar
o enigma da esfinge
dando-lhe duas de mil.

o garoto lavou as mãos
 um tempo desmedido
a fim de que eu o notasse
 : eis o enigma desvendado:

permaneceria enxaguando
 dando tal colher de chá
até que fosse dada a largada
 servir certa iguaria pulsante

as pontas
das quais não me afasto

como que faiscando
lanhei sem ti
a minha própria ponta

osório

flores que acenam
mal as tocando
o vento

um soldado veio
na madrugada
colhê-las

pode ter saído de um romance de pasolini
(um dos seus "ragazzi de vitta")
ou de um poema de konstantinos kaváfis

mas não,
veio a mim aqui mesmo do lado de fora da vida
e mais,
na verdade iria ao encontro de qualquer um

tua mão me pega
assim
com alguma paixão

o gato que és
o gato que sou

quase despencamos
do telhado
quase caímos
do cavalo

meias verdades

estamos quites:
os que vigiam fazem sexo em pé
em um m² durante um minuto

já os taxistas
encosto de pelúcia
não descem do carro
permanecem sentados

michês não usam meias

aqui
nesta praça
terei paz

colherei
uma flor
ou um rapaz

eu nutro minha mulher
por menos ela não reclama
beijo e mastigo minha dama

adoro as desculpas de disponibilidade:
– perdi o último ônibus.
então, e por enquanto, sobre minha cama
um avião dispara contra a boca
de uma caverna.
noutro dia, às 9 da manhã, estou tocando.
pensava ter encontrado algum bálsamo.

: não brotam enquanto voam as sementes

depoimento de Jane Sprenger Bodnar a Hiago Rizzi

Em 1990, eu morava com uma amiga vegetariana e fomos a um encontro de comunidades alternativas em Piraquara, na Região Metropolitana de Curitiba. Havia vários trabalhos expostos, entre eles, vi os cartões de Rollo e me encantei. Ele os vendia sempre com uma fala poética junto das "falsas ikebanas", como ele chamava esses cartões em formato de postal. Conversamos e trocamos telefone. Foi amor à primeira vista.

Desde criança, eu coleciono pequenas estruturas animais e vegetais. Me encanta uma folha, um pedaço de raiz, uma semente. Ele me contou que, durante uma viagem, descobriu que pétalas de sempre-viva poderiam ser pássaros. Quando vi aquele trabalho, ao mesmo tempo precioso e intenso, foi um arrebatamento.

Rollo era muito alto e magro, se vestia de forma simples. Também era extremamente delicado, suave na fala e no trato com as pessoas. Quando ele começava a contar a história de cada trabalho, ia enredando os ouvintes. Ao mesmo tempo, era vaidoso. Uma vez, em seu apartamento, reuniu vários leoninos, exaltando a "leonicidade" dos presentes.

Na primeira vez que saímos, fomos à Cinemateca. O filme, por motivos técnicos, não foi exibido e ficamos conversando. O cinema era a nossa igreja, vimos juntos filmes que marcaram nossas vidas. A gente gostava de ficar no primeiro balcão do Cine Groff, mas parecia que aquilo podia cair a qualquer momento – hoje em dia, estaria condenado pelos bombeiros.

Havia uma vida cultural presencial intensa, porque era a única maneira de nos encontrarmos. Ele me apresentou a biblioteca do Instituto Goethe, íamos lá principalmente para ouvir discos e fitas.

Sua biblioteca foi construída com muito amor, garimpando em sebos e liquidações. Começamos a nos reunir em seu apartamento todo final de semana, bem na hora do *Fantástico*, para ler e escrever poesia. Sempre eram grupos diferentes, que se formavam naturalmente. Ele tinha uma amplitude imensa de amigos de diferentes tribos e gostava de reunir essas pessoas. Não tínhamos pretensões literárias, era pela paixão pela poesia. Acabamos formando um trio: eu, Rollo e Fernando Zanella.

Rollo tinha uma visão mais prática, organizada, e percebeu que já tínhamos um bom número de poemas,

mas precisavam ser os menores. Então, teve a ideia de um suporte diferente para os poemas da *Homeopoética**, um objeto poético com cápsulas de poesia em um frasco. Começamos a brincar com o tema, a poesia como remédio para a alma, farmacologia, posologia, bula – sempre muito lúdico. O lançamento foi na Casa Romário Martins, no Largo da Ordem. Nós, os farmacêuticos irresponsáveis, chegamos de ambulância.

Surgia o Baú de Signos, grupo de oficinas de poesia, com Rollo, Stella de Resende, Marilia Kubota, Fernando Zanella, Daniel Rosales e outros convidados. Cada um com sua bagagem, seu repertório. Stella, por exemplo, tinha um viés mais pedagógico, já eu trazia as questões da imagem, e Rollo gostava de trabalhar com o próprio livro, extraindo palavras de dentro das obras escolhidas para as oficinas. Às vezes, o convidado não produzia um "poema", mas estava presente, vivenciando uma experiência poética.

Ele me contou do HIV e convivi com esse segredo até 1993, ano em que engravidei. Eram duas coisas imensas acontecendo ao mesmo tempo: gerar uma vida e perder, aos poucos, um grande amigo. Ele tinha um estilo que proporcionava uma melhor qualidade de vida para ele, com alimentação saudável e espiritualidade. Chegou a frequentar comigo um terreiro de umbanda. Com uma sólida formação católica, tinha Adélia Prado como

---

* Os poemas de Rollo de Resende presentes no livro-objeto *Homeopoética* (1991) foram incluídos na antologia *Espáduas* (Telaranha, 2023).

inspiração. Depois de um tempo, disse que não queria mais negociar sua cura com Deus.

Rollo ficou cego. Uma vez pediu pra "ver" uma roupinha que eu tinha comprado para a minha filha, tocando em detalhes e texturas. Em sua última internação, eu e o músico Marcelo Brum-Lemos íamos até o hospital, em momentos diferentes, para ajudar a organizar os arquivos poéticos – além de sua mãe, Terezinha, e sua irmã, Stella. Foram três meses, tínhamos passe livre. Ele escolhia quais poemas seriam revisados.

Falava do *Táxis experimentais*, onde estariam os poemas mais picantes, fesceninos. Gostava desse nome, da sonoridade. Outros tantos foram escritos no hospital. Me lembro dele abraçado à pasta com os poemas. Tudo se tornava encantado; a xícara, o talão de cheques. Um dia, disse que queria que eu publicasse esse material. Na saída, sua mãe quis que eu levasse a pasta, mas falei que ficasse com ele até o fim.

O tempo que convivi com Rollo, cinco anos, mais parece trinta. E esses trinta anos que se passaram desde sua partida me parecem cinco. Eu vejo seus livros, leio os impressos, convivo com sua irmã Stella. Rollo me ensinou a morrer – eu nunca tinha tido contato com o processo de morte dessa forma, e ainda mais com uma pessoa tão jovem. Quando Stella conseguiu manusear as coisas dele, chamou amigos próximos, espalhou seus livros e discos no chão da sala. Depois, pediu que escolhessem o que cada um gostaria de levar para as próprias casas.

Jane Sprenger Bodnar nasceu em Curitiba e formou-se em Comunicação Visual pela Universidade Federal do Paraná (UFPR). Teve textos publicados em antologias, jornais e revistas e orientou oficinas literárias infanto-juvenis pela Fundação Cultural de Curitiba, SESC/PR, entre outros. É autora de *Luísa cuidadora de planetas* (2003) e do livro-objeto *Homeopoética* (1991), com Rollo de Resende e Fernando Zanella.

: sobre o autor

Rollo de Resende foi poeta, artista e panificador, nascido em Cambará, norte do Paraná, em 15 de agosto de 1965. Morou em Foz do Iguaçu e mudou-se para Curitiba em meados dos anos 1980. Publicou *Bem que se aviste racho de romã* (1988), pela Feira do Poeta, os poemas em cápsula de *Homeopoética* (1991, com Jane Sprenger Bodnar e Fernando Zanella), *Água mineral* (1995) e *Uma flor de lótus* (1998, edição póstuma). Integrou o grupo Baú de Signos, além de ter participado de diversas antologias e do projeto Disque-poesia. Morreu em 23 de agosto de 1995, em Curitiba. Em 2023, teve sua obra reunida na antologia *Espáduas*, publicada pela Telaranha Edições.

1ª edição [2025]

Este é o livro nº 27 da Telaranha Edições.
Composto em Ratio Modern, sobre papel pólen bold 90 g,
e impresso nas oficinas da Gráfica e Editora Copiart em 2025,
no mês em que se celebra a vida de Rollo de Resende.